大家小小书
篆刻 程方平

中国历史小丛书

主　　编	吴　晗			
编　　委	丁名楠	尹　达	白寿彝	巩绍英
	刘桂五	任继愈	关　锋	吴廷璆
	吴晓铃	余冠英	何兹全	何家槐
	何干之	汪　篯	周一良	邱汉生
	金灿然	邵循正	季镇淮	陈乐素
	陈哲文	张恒寿	侯仁之	郑天挺
	胡朝芝	姚家积	马少波	翁独健
	柴德赓	梁以俅	傅乐焕	滕净东
	潘絜兹	戴　逸		

新编历史小丛书

主　　编	戴　逸			
副 主 编	张传玺	唐晓峰	黄爱平	
总 策 划	韩　凯	张　森	李翠玲	
执行策划	安　东	吕克农		
编　　委	王　玮	王铁英	孔　莉	孙　健
	刘亦文	李海荣	沈秋农	高立志
统　　筹	高立志			

新编历史小丛书·人物

袁崇焕

阎崇年 著

北京出版集团
文津出版社

贵州出版集团
贵州人民出版社

目 录

袁崇焕之生 …………………… 002

袁崇焕之死 …………………… 026

袁崇焕之魂 …………………… 038

  一　仁：仁爱亲民 …………… 043

  二　智：以智求新 …………… 053

  三　勇：勇敢拼搏 …………… 066

  四　廉：清正廉洁 …………… 071

中国历史两千多年,上纪传体历史人物传的数以万计,数以十万计,今天还留在大家心目当中,还能震动大家灵魂,而且永远震动大家灵魂的,为数不多,袁崇焕是其中的一位。梁启超在《新史学》里说,历史是爱国心之源泉。之所以要讲袁崇焕,就是要唤起我们中华民族所有人的爱国心,就是要弘扬袁崇焕的浩然正气,要发扬袁崇焕的爱国精神。

袁崇焕之生

袁崇焕(1584—1630)到底是什么地方的人,哪年出生的,搞不清楚。因为材料很多被销毁了。袁崇焕是什么地方的人?有三种说法:广东东莞,广西藤县和广西平南县。

笔者查看地方志,几种版本地方志都看不清楚。后来笔者到广东、广西去实地考察,查考袁崇焕的遗迹,查当地的地方文献,走访一些专家学者。

现在看起来,袁崇焕的祖籍是广

东东莞,他的祖父沿着珠江的北江和西江到了广东和广西交界的梧州。梧州所辖的一个县叫藤县,在西江支流滕江的白马江边上,他的祖父就在那个地方找了货栈落脚,做木材和药材的生意。有一条线索就是袁崇焕考进士的时候的进士题名碑,现在还在北京孔庙里面,他是万历己未科(1619)的进士,这一年的进士题名碑,镌刻有袁崇焕的名字,名字底下有四个小字——"广西藤县"。袁崇焕在考举人的时候是在桂林考的,因为他的学籍登记在广西藤县。他在广西藤县中了举,再到北京考进士,应当说进士题名碑是可信的。

李济深先生说:袁崇焕通籍两广。这既反映了历史事实,也协调了双方争论。

1984年在广西藤县开了全国第一次袁崇焕学术研讨会。后来在广西藤县、广东东莞、香港和辽宁兴城,开过四次大型的袁崇焕国际学术研讨会。应当说近四十年来袁崇焕的研究比较充分了,能够找到的材料基本上都找到了。

袁崇焕到底出生在哪一年,明确的记载找不到。《东莞县志》说他是万历十二年,即1584年出生。努尔哈赤是万历十一年,也就是1583年起兵,第二年袁崇焕出生。努尔哈赤起兵这一年是二十五岁,也就是说袁崇焕比努尔哈赤整整小二十五岁。努尔哈赤起兵之后就在东北地区统一女真各部,先统一建州女真，又统一海西女真，又统一东海女真（就是现在沿着鸭绿江和图们江及沿海一带的女真），又统一黑龙江的女真（就是在松花江中下游地区）。到努尔哈赤死之前，他的势力范围东到大海，南到长城以里，北到松花江的中游（就是现在哈尔滨一带），西到大兴安岭的东麓。到皇太极的时候范围更大了，北到外兴安岭，西北到贝加尔湖，实际控制范围南到长城，东到大海，西到现在的青海、河套一带。

努尔哈赤父子征战的时候袁崇焕在念书，他纯属南方的一介书生。他主要是在藤县上学，后来到桂林考举人，中了举人之后到北京考进士，第一次没考中，到万历四十七年（1619），考中了进士。他考中进士之前就是个普通的读书人，记载也很少。有一本袁崇焕的诗集《三管英灵集》，现在只有一个孤本，藏在国家图书馆。这本诗集收了袁崇焕六十六首诗，笔者把这六十六首诗完全录下来了，经过考证，这六十六首诗中，有的是袁崇焕作的，也有别人冒袁崇焕之名而作。

袁崇焕考中进士这一年，即万历四十七年（1619），在萨尔浒地区（在今辽宁抚顺东浑河南岸）发生了一场名为"萨尔浒大战"的战役，这场战争对明清的兴亡至关重要。

在这之前，努尔哈赤对明朝一直采取两面政策，这也是努尔哈赤的高明之处。这个两面政策分四个阶段：

第一个阶段叫"只称臣不称雄"。他对明朝称臣,明朝封他为建州左卫指挥使、龙虎将军,他表面上恭恭顺顺,因为努尔哈赤知道自己力量弱不能跟明朝对抗。这样在明朝的眼皮底下,努尔哈赤采取两面政策发展自己的势力,先把建州女真统一起来,又把海西女真基本统一起来,这个势力就大了。接着又把东海女真基本统一起来,势力更大了。这个时候努尔哈赤的政策改变了,就是第二阶段"明称臣暗称雄"。暗着发展势力,建立根据地、建立军队、建立政权,不声张、不宣扬。

到了第三阶段就是"边称雄边称臣"。一边对明朝称臣,一边公然称雄。举个例子,日本侵略朝鲜的时候,即万历二十年（1592），就是历史上有名的壬辰战争之时，说明朝与朝鲜"唇亡齿寒"就是这场战争，努尔哈赤给明朝的兵部尚书石星上书说：日本人侵略朝鲜了，朝鲜是大明的属国，我现在有力量，我可以出兵，帮着明朝一块把日本军队打败。他暴露了自己的力量，明朝的兵部尚书很警惕：这会儿要出兵不等于壮大自己的力量了吗？明朝不许他出兵。明朝派东北的军队到朝鲜，后来把日本的军队打败了，战争经过了七年的时间。

努尔哈赤的力量又发展了，这就到了第四阶段"只称雄不称臣"。标志是什么呢？即万历四十四年（1616），努尔哈赤建立政权，国号大金，史称后金，建元称汗，称后金汗，要同明朝分庭抗礼。这个"汗"是满语的译音，原来满语也没有，是从蒙古语借过来的，是成吉思汗的"汗"。

从此，努尔哈赤建立后金政权、建立基地、建立八旗制度，制定满文，有一整套的建国方略。之后他就要发展，往哪儿发展呢？就是现在的辽宁抚顺。抚顺是在山地和平原之间，抚顺往东就进入山地，抚顺往西就是辽河平原。明朝很巧妙，就在抚顺设个城，来堵住女真势力往辽沈地区发展。努尔哈赤首先选择了抚顺，打开了抚顺就打开了从赫图阿拉山区进入辽河流域的通道，努尔哈赤就打出去了。

抚顺有坚城，还有护城河，骑兵

怎么打？努尔哈赤很狡猾。抚顺有马市，就是我们今天的集市，蒙古人、女真人、汉人都可以在这儿贸易，努尔哈赤派他的军队穿着便服，假装去贸易，里面藏了兵器，这些人都混进城了，就在城里埋了伏兵。努尔哈赤打抚顺的时候里应外合，就把抚顺打下来了。打下来以后接着又把清河打下来了。建州女真走出山区进入辽河平原有两个门户：一个是抚顺，抚顺通沈阳；还有一个门户就是清河，现在属于辽宁的本溪市，清河也在平原和山区之间，打开了清河就直接进入辽阳。这是进入整个辽河腹地的两个关口、两个通道。

明朝不了解女真的情况，但女真了解明朝的情况。努尔哈赤的奸细工作做得非常好,明朝军队的一举一动他都知道,甚至派人到北京探听朝廷和军队的部署情况。战报奏报到万历皇帝那儿,朝廷就派兵讨伐,领兵的是杨镐。杨镐这个人是进士出身。明朝有个特点:武官只可以做将军,不可以做统帅,统帅一定是文官,而且一定是进士出身。进士出身的统帅,优点是有一点兵略,但最大的弱点是没有实战经验。杨镐在全国组织军队,从福建、江西、浙江、安徽、山西、陕西等地调兵,包括后勤的准备,要对努尔哈赤进行毁灭性的打击。

明朝调了号称四十七万的大军,这在古代是不得了的,兵分四路——每一路一个到两个总兵统帅,实际的军队大概一路三万人左右，合起来实际军队十二万左右，还有后勤，还有预备部队、机动部队、后援部队、梯队。努尔哈赤大约有八万军队。这样在赫图阿拉这么一个地方，酝酿一场大仗。

杨镐规定在三月初一把赫图阿拉打下来，但是犯了一个致命的错误。四路出兵，当时没有手机，也没有无线电，各部的进度很难协调。结果这四路就分别出兵了，阴历二月下旬，明朝那个时候的气候比现在寒冷，东北还是大雪冰封。这些兵有从江西来的、从浙江来的、从安徽来的，南方来的兵没有御寒的衣服，到了山地里粮饷又供不上，就很困难。

当时努尔哈赤采取一个办法，就

是:"凭尔几路来,我只一路去。"努尔哈赤的基本判断是:四路兵不可能同时到,东路是从鸭绿江那边过来,还有朝鲜的兵;西路从沈阳来;北路从开原来;南路是从清河来,道路崎岖,粮饷供应不上,不可能同时到。结果西路先到了,努尔哈赤集中六个旗的兵力先打西路。西路明军三万人,女真六个旗差不多五万的军队,以逸待劳,以众击寡。再加上明朝西路将领杜松大意轻敌,陷入埋伏,结果全军覆没,总兵杜松、王宣、赵梦麟也战死了。努尔哈赤就把西路军歼灭了,这是三月初一。

打败了杜松以后,努尔哈赤也没有平分兵力,八个旗兵力中又调六个旗来对付北路,两个旗策应。三月初二那一天把北路军整个给消灭了,就剩统帅一个人,带着侍从"只身而逃",逃回开原。

第三天就是初三,这时东路将领刘𬘩带着军队,还有朝鲜一万余军队,过了鸭绿江一直往赫图阿拉城走,就是现在辽宁的新宾。途中要通过阿布达里冈,五十里的山冈,两面都是山,底下是河谷,有羊肠小路,一高一低,曲折崎岖,兵不能成伍,马不能成列。除了地形险恶,兵也没有粮食吃,供应不上。军中多是南方人,江西的、安徽的,御寒的衣服也没有,冰天雪地,这个仗怎么打?三月初一打西路,初二打北路,初三努尔哈赤进行调整,初四就打东路。努尔哈赤很有智谋,先派八旗军队顺着山的两侧埋伏在树林里头，派奸细穿着明朝军队的衣服，到了刘𬘩的阵前，诱骗明军进了八旗军队的埋伏。就这样，东路军也全军覆没了，总兵刘𬘩不仅中箭似猬皮，而且面部被刀劈为两半，仍坚持拼搏，力竭而死。

初五就打南路。南路这时候已经知道三路都已经败了，就往回撤，又是崎岖小道，后金没有兵力了，只有五百人在山上埋伏，这些人就拿着树枝挑着盔甲晃悠，一面晃悠一面呐喊，南路明军也不知道后金伏兵到底有多少，吓得往后退，自相践踏，人马互踏，结果自己踩死了两千多人。南路也败退了。五天时间，四路出兵，全部败北，号称四十七万的大军全军覆没,这是明朝有史以来没有过的。当时朝廷震惊了,这一年是万历四十七年(1619),就是袁崇焕中进士那一年。笔者猜想这时候北京发完榜之后,街谈巷议,庙堂市井,全在议论这一件事情,这件事情对袁崇焕的影响太大了。

中了进士之后,袁崇焕被分配到福建邵武做知县,万历四十八年(1620)万历帝死了,之后十六岁的天启皇帝继位,这时候袁崇焕还在做知县。袁崇焕这个人有抱负,他天天找一些福建的退伍老兵,了解山海关以外的情况学习军事。

接着到天启二年(1622),明朝的知县,三年要到北京考核一次,袁崇焕就随着福建官员到北京考核。明朝考核分两次,第一次由省里面管干部的布政使(相当于副省长)考试,考完进京,进京以后由吏部主持考试。袁崇焕考试全合格,政绩很好,比较出色。这个时候有个人推荐他,就是侯恂,侯朝宗的父亲,推荐他做兵部的一个主事,相当于现在的处级干部,当时的知县是七品,主事是六品。这样他就到了兵部做职方司主事。到了兵部他没上班,就赶紧骑着马到山海关内外考察情况。袁崇焕回来当着同僚就说了一句话,这句话后来大家印象太深了,他说:"予我兵马钱谷,我一人能守住山海关。"一般人当时被吓破了胆,都不敢去山海关外工作,他既然说出这样的话来,那好吧，就派他到山海关去。至此，袁崇焕正式登上历史舞台。

袁崇焕到山海关不久，辽东经略王在晋令袁崇焕往前屯（今辽宁绥中前屯），安置辽民流亡、失业者。袁崇焕受命之后，连夜赶路，丛林荒野，虎豹出没，天明入城，将士都赞叹他的勇敢与胆量。王在晋更加信任、器重袁崇焕，于七月初提请任命他为宁前兵备佥事。

这时候广宁也已经失守了，辽西之局，究竟如何部署呢？王在晋主张在山海关外八里的地方即八里铺，再筑一座重城，御山海，保京师。他筑重城的主张，遭到宁前兵备佥事袁崇焕等人的反对，袁崇焕等认为王在晋的策略太消极,主张在山海关外两百里的地方即宁远卫,营筑坚城,力守关外,屏障关内,以图大举。袁崇焕极力陈谏。因人微言轻,而不被采纳。袁崇焕想方设法,先后两次直接将意见报告给首辅叶向高。叶向高询问大学士孙承宗,孙承宗亲赴山海关实地考察后支持袁崇焕的方案。王在晋改任南京兵部尚书,孙承宗自请督师辽东。天启三年即天命八年(1623)九月,袁崇焕在孙承宗的督导与支持下,同满桂开始营筑宁远城。宁远城于天启四年即天命九年(1624)完工,成为关外一座重镇。

而这时候明朝廷内部势力发生了很大的变化。魏忠贤专权后,因孙承宗功高权重,德劭资深,誉满朝野,欲使其附己，令刘应坤等申明意图，嘱送金银。孙承宗拒之不纳。魏忠贤由此衔恨孙承宗。后来杨涟疏劾魏忠贤二十四大罪，孙承宗写诗赞其"大心杨副宪，抗志万言书"。魏忠贤大怒。他在朝内逐退左副都御史杨涟、吏部尚书赵南星、左都御史高攀龙、左佥都御史左光斗等。天启五年即天命十年（1625）五月，高第为兵部尚书，阉党控制枢部。七月，魏忠贤诬杀杨涟、左光斗等于狱。接着魏忠贤借机削夺孙承宗兵权，以兵部尚书高第代孙承宗为辽东经略。辽东形势，急剧逆转。

高第上任后就下令撤守，从大凌河、锦州、小凌河、松山、杏山、塔山、宁远，一直撤到山海关，军撤、民撤，都撤！袁崇焕说我不撤，他自己守宁远。他说：我是宁前道，做官在这里，死也要在这里！你们都撤，我一个人躺在大道上，阻挡努尔哈赤军队的前进。

明天启六年（1626），努尔哈赤就乘辽东明军易帅和匆忙撤军之机，亲统八旗军约六万人（号称十三万）于正月十四出沈阳，西渡辽河，直逼宁远。这里可见宁远战前，形势对袁崇焕极为不利，因为后金兵锋强盛、宁远孤城无援。袁崇焕临危不惧，制定兵略，凭城固守；激励士气，画地分守；修台护铳，布设大炮；坚壁清野，严防奸细，重金赏勇，严肃军纪。他以总兵满桂、副将左辅、参将祖大寿、副将朱梅分守城东、西、南、北四面，自与满桂提督全城。在城上配置西洋大炮十一门。

天命汗努尔哈赤的悲剧在于，根本没有认识到宁远运用新式武器红夷大炮，也没有认识到袁崇焕"凭坚城、用大炮"的守城战术。后金军队毫无顾忌，蜂拥攻城，遭到城上红夷大炮轰击，死伤惨重。张岱在《石匮书后集》中记载："炮过处，打死北骑无算，并及黄龙幕，伤一裨王。北骑谓出兵不利，以皮革裹尸，号哭奔去。"努尔哈被迫兵退沈阳，是年八月初病逝，一说其死因正是宁远之战中被炮石所伤。高第在战后奏报中写道："奴贼攻宁远，炮毙一大头目，用红布包裹，众贼抬去。"

宁远之战是明朝自有辽事以来,明军对后金军的第一个大胜仗,明人称之为"宁远大捷"。

宁远大捷后,袁崇焕升辽东巡抚,仍驻宁远。这期间他主要做了两件事:第一件是派人到沈阳为努尔哈赤吊丧,兼贺清太祖皇太极继位,并进行"议和";第二件是修建坚城,建设关(山海关)宁(宁远)锦(锦州)防线。

天启七年即天聪元年(1627)五月初六日,后金天聪汗皇太极,以"明人于锦州、大凌河、小凌河筑城屯田",没有议和诚意为借口,亲率数万军队,谒堂子,出沈阳,举兵向西,进攻宁（远）锦（州）。明军凭借坚城深壕，从城上发射火器，后金兵无法靠近城墙。天气热、死伤多。皇太极开始从锦州撤军。凡二十五日，宁远与锦州，以全城而结局。明人谓之"宁锦大捷"。崇祯二年即天聪三年（1629），北京危急之时，袁崇焕率领九千骑兵，"士不传餐，马不再秣"，日夜兼驰，入援北京，再取得京师大捷。

袁崇焕在五年之间由七品知县升为巡抚，不到一年又升为兵部尚书、蓟辽督师，是一个天才型的人物。明朝历史上有三位军事天才：早期的徐天德（徐达），中期的戚继光，晚期的袁崇焕。作为一位伟大的爱国者和杰出的军事统帅，袁崇焕平生第一大历史功绩，就是夺取宁远大捷。宁远大捷、宁锦大捷和京师大捷,三次大捷,奠定了袁崇焕的历史地位。

袁崇焕之死

袁崇焕实际的政治、军事生涯很短。因为阉孽诬陷、后金设间、崇祯昏庸,在崇祯三年即天聪四年(1630)八月十六日,在北京西市,袁崇焕惨遭磔刑而死,时年仅四十六岁。苍天悲鸣,大地哀泣,六月飘雪,万代追思。

明朝后期为辽东边事,有两个人被错杀:一个是努尔哈赤的父亲塔克世,另一个是蓟辽督师袁崇焕。万历朝误杀了塔克世,崇祯朝错杀了袁崇焕,从而引发出一连串的历史事变。前者，努尔哈赤含恨起兵，成为明亡清兴的历史关节点；后者，朱由检自毁长城，加速了明朝的灭亡——"自崇焕死，边事益无人，明亡征决矣！"通俗地说，万历帝误杀了塔克世，大明皇朝自己制造了焚烧朱家皇朝大厦的纵火者；崇祯帝错杀了袁崇焕，大明皇朝又自己杀死了保护朱家皇朝大厦的救火者。

袁崇焕是受磔刑而死的，磔刑太残忍了，把人吊起来，拿刀一片一片剐，鲜血淋漓，惨不忍睹。袁崇焕就是受的这种酷刑。

袁崇焕的死，有客观的原因，有崇祯皇帝的原因，也有袁崇焕个人的原因。本书从袁崇焕个人的角度，做个简略的分析。

第一个是天时的问题。袁崇焕之所以立功，成为千古英雄，就是这个"天时"。袁崇焕早生一百年，没有这个问题，做个知县、知府就不错了，成不了大英雄。特殊的历史时代，使他成为英雄。特殊历史时代的这个"天时"，又造成了袁崇焕的悲剧。

对待"天时"：第一要"敬天时"，第二要"顺天时"，第三要"知天时"，第四要"借天时"。宁远之战、宁锦之战和北京保卫战，袁崇焕利用天时取得了这三战的胜利，他最后的死是在天时这个事上出了问题。

皇太极突然袭击，绕过宁远，通过蒙古地区，越过长城，打到北京。袁崇焕这个时候在山海关，他得知皇太极突袭北京的时候特别惊讶，这个时候怎么办？就看智慧了。他有三个策略可供选择。

第一个是急点军马到北京。第二个是驻兵山海关观望。第三个是围攻沈阳救北京。统帅骑兵，三天三夜，攻打沈阳，用"围魏救赵"之计，解北京之围。皇太极是倾尽全力打北京，整个沈阳是空虚的。如果袁崇焕打沈阳，皇太极必然回去救，当时的副将周文郁给袁崇焕提建议：没有崇祯皇帝的圣旨，带着兵马到北京城下，可乎？袁崇焕说："君王有急，何遑他恤！"情况紧急，顾不上了。

袁崇焕是一位军事统帅，这个时

候你要考虑政治，你没有得到皇帝允许，带着大队兵马直接开到北京来，皇帝不怀疑你吗？本来就怀疑他，他杀毛文龙时就已经被怀疑了。北京关于袁崇焕的谣言很多，说他跟皇太极有城下之盟。皇太极已经打到北京了，你在这个时候怎么利用这个天时？

如果选择按兵不动，保存自己的实力，这不符合袁崇焕的性格，也不符合我们今天讲的原则。他可以选择的是，或带兵救北京，或带兵打沈阳，后者皇太极肯定害怕。皇太极打北京的时候，走到半路，八大贝勒之间就发生了分歧。大贝勒代善说你要到了北京，明朝军队截我后路，两面夹击，那就可能全军覆没。皇太极认为有道理，就又跟几个小的贝勒商量,说已经定了不能变,他的几个哥哥没办法只好跟着往前走。

同样一个天时,怎么借用?袁崇焕在宁远之战借了天时,这个时候怎么借天时来取得胜利?天时对每个人都是平等的,对任何人不偏爱,袁崇焕在皇太极打北京的时候怎么借天时?这是个耐人寻味的问题。

第二个是借地利的问题。人离不开大地。怎么敬地利、顺地利、知地利、借地利?袁崇焕当时应该借地利,但不应该借北京的地利,应该借关外的地利。因为天子在北京,他又被怀疑,他的地利在山海关外,在宁远,在锦州,在沈阳,在辽阳,应该借东北的地利来打击皇太极的力量,为朝廷立功。袁崇焕错了,他拿北京地利来解决这个问题,结果北京反倒成了袁崇焕冤狱的陷阱。

第三个是借人脉的问题。也就是大家特别了解的"人和"的问题。谁害的袁崇焕?是他的同僚害的,满桂害的。满桂原是袁崇焕手下的大将。宁远之战他负了伤,立下功劳。满桂对袁崇焕不满意,就提出调动工作。这时候袁崇焕是同意的,但朝廷考虑不能调,做了平衡矛盾的处理。到了北京之后,朝廷命令满桂守德胜门,满桂的军队没吃的就抢,所以满城都嚷嚷是袁崇焕的军队抢了老百姓的东西。崇祯皇帝召见满桂,他在崇祯面前说袁崇焕的坏话,崇祯皇帝就把袁崇焕拿下,打入锦衣卫狱。

还有,袁崇焕在宁远之战、宁锦之战立功期间,有一个重要的人际因素是东林党人的支持。但他被下狱、凌迟的时候,朝廷发生变局,东林党人失势,阉党余孽抬头。这是袁崇焕悲剧的一个重要因素。

第四个就是"己和"没有处理好。袁崇焕的"己和"做得不够。他原来就是个知县,几年之间就做到兵部尚书兼蓟辽督师,相当于原来沈阳军区司令。他管山海关以外,还管今天的河北北部、天津、山东北部。袁崇焕原来是个知县,升得太快,所以他在政治上缺乏历练。军事谋略我刚才讲过,政治谋略就该适应整个朝廷的复杂性。东林党与阉党、皇帝与大学士、文官与武将、中央与地方等，这么多复杂的关系，如何正确处理，袁崇焕没有经验，也没有来得及积累这方面的经验。他提出"五年复辽"，他擅杀东江总兵毛文龙，这都成为他后来被杀的"口实"。毛文龙是总兵，总兵是只有皇帝才有权杀的，袁崇焕是蓟辽督师没有权力杀总兵。这个事情表明袁崇焕思虑不周，他应该先奏后斩，或者应该回到北京请旨后再杀。他去了皮岛后和毛文龙密谈，劝毛文龙到杭州养老。毛文龙不干，袁崇焕就突然宣布他的罪状，当下就把他杀了，后来留下了话柄，给人以口实。

总结起来，袁崇焕这个人是优长

很明显，凸显了一个"敢"字——敢走险路，敢担责任，敢犯上司，敢违圣颜，也就是说不怕披荆斩棘，不怕承担责任，不怕得罪上司，甚至于不怕违逆天颜。但他性格上的不足也很明显。他性情狷躁，急于求成，例如他"复辽"的话说得过满，斩帅的事做得过莽；袁崇焕在处理高层人事关系上，缺乏胸怀、机谋、沉稳和气度。所以他也有些疏失——失言（如五年复辽）、失友（如同满桂关系）、失礼（如先斩毛文龙而后奏）。

然而瑕不掩瑜。袁崇焕作为明代杰出的军事家和著名的爱国者而永垂史册，他的德言与功业、勤政与清廉、无私与无畏、冤死与风骨，动天地、泣鬼神。袁崇焕之死,不仅是他个人的悲剧,不仅是大明朝的悲剧,不仅是汉文化的一幕悲剧,也是中华文明的一场悲剧。这场历史悲剧,以陨星的光亮,划破君主专制黑暗的天庭,震撼世人的愚昧与心灵,激发人们的智慧与觉醒。

《明史·袁崇焕传》记载:"(崇祯)三年八月,遂磔崇焕于市,兄弟妻子流三千里,籍其家。崇焕无子,家亦无余资,天下冤之。"并评论道:"自崇焕死,边事益无人,明亡征决矣!"后北京修建"袁督师庙",庙门两侧是康有为题书庙联:"其身世系中夏存亡,千秋享庙,死重泰山,当时乃蒙大难;闻鼙鼓思东辽将帅,一夫当关,隐若敌国,何处更得先生。"袁崇焕的爱国精神,千秋庙堂祭祀,兆民心中景仰。

从哲理上来说,死是一个大关节,也是一种大境界,袁崇焕之死,虽死犹生,因为他精神超越时空永存。

在袁崇焕身上体现的大仁、大智、大勇、大廉,是我们中华民族优秀的传统,也是我们中华民族精神的精髓,用鲁迅的话来说,叫作"中国的脊梁"。袁崇焕留给后人的座右铭是:

> 杖策只因图雪耻,
> 横戈原不为封侯。

袁崇焕之魂

在中华民族演进历史上，有许多豪杰，也是中华民族的脊梁。袁崇焕就是其中的一位。一位杰出人物的魂魄，一段重大历史的背后，必有一种优秀的精神。袁崇焕经历宁远、宁锦、京师三次重大历史事变之后，他穿越时空留给后人的宝贵精神是什么？值得我们梳理、研究、学习和弘扬的人生价值是什么？

关于人的最高精神境界，儒家的

《大学》开宗明义说:"大学之道,在明明德,在亲民,在止于至善。"达到"至善",就是达到人生的最高精神境界。

这里笔者联想到佛家的最高人格境界。星云大师在《佛法僧三宝》书中说:做到慈悲、智慧、威力和功德,就达到"三觉圆满,万德具足,完成人格,成就佛道"。袁崇焕的精神境界,在于大仁、大智、大勇、大廉,这同佛家圆满品性的慈悲、智慧、威力、功德,虽不雷同,却有相应。就此而言,袁崇焕的确达到了人格至善、品性具足的高尚精神境界。

袁崇焕的仁与智,令人赞颂;勇

与廉,令人敬佩。袁崇焕留给后人熠熠永辉的思想、薪火永传的精髓,是"正气"。《楚辞·远游》:"内惟省以端操兮,求正气之所由。"屈原的正气是修身养性的崇高境界,是冰清玉洁、坚不可摧的气质。这种正气,就是"浩然正气"。什么叫"浩然正气"?《孟子·公孙丑上》说"浩然之气"就是"至大至刚""配义与道""塞于天地之间"之气。通俗地说,"浩然正气"就是盛大刚直、合乎道法、正义凛然、充满天地之气。袁崇焕身上这种"浩然正气",主要表现为仁、智、勇、廉,这就是仁爱的精神、求新的智慧、勇敢的品格和廉洁的风范。

《孙子兵法》曰:"将者,智、信、仁、勇、严也。"曹操也赞成孙子提出为将者应具备的上述五德。杜牧说:"先王之道,以仁为首;兵家者流,用智为先。"他解释道:"盖智者,能机权、识变通也;信者,使人不惑于刑赏也;仁者,爱人悯物,知勤劳也;勇者,决胜乘势,不逡巡也;严者,以威刑肃三军也。"梅尧臣曰:"智能发谋,信能赏罚,仁能附众,勇能果断,严能立威。"王晳曰:"智者,先见而不惑,能谋虑,通权变也;信者,号令一也;仁者,惠抚恻隐,得人心也;勇者,徇义不惧,能果毅也;严者,以威严肃众心也。"张预曰:

"智不可乱，信不可欺，仁不可暴，勇不可惧，严不可犯。"但是，一切事物，都要适度，皆不宜过。贾林曰："专任智则贼；偏施仁则懦；固守信则愚；恃勇力则暴；令过严则残。五者兼备，各适其用，则可为将帅。"但是，《孙子兵法》的将德"智、信、仁、勇、严"中，没有提出"廉"。这可能是时代的特点，在其时，将之贪，尚不成为问题，也不成为修养。但笔者认为：廉，是袁崇焕精神的一根支柱。因此，袁崇焕精神有四维性，或四元性，这就是：仁、智、勇、廉。

梁启超在《袁督师传》中说："若夫以一人身之言动、进退、生死，关系国家之安危，民族之隆替者，于古未始有之；有之，则袁督师其人也！"又说："若袁督师者，真千古军人之模范哉，真千古军人之模范哉！"这个评论是否过高还可以讨论，但是袁崇焕大仁、大智、大勇、大廉的高尚精神，却是值得后人学习的。下面分别讲述袁崇焕精神的大仁、大智、大勇、大廉。

一　仁：仁爱亲民

仁，就是仁爱，大仁无疆。袁崇焕就是继承了中国儒家仁爱的精神和优良的传统。袁崇焕本来做知县做得挺好，三年考完了之后或者留任，或者升级，把老婆孩子接来不是挺好的吗？他偏要往辽东战场上出生入死做什么呢？辽东战场是什么地方啊，朝廷派了一个辽东经略到山海关，他不去，说身体不好。朝廷又派了一个，他说家里有困难，还是不去。天启皇帝很生气，说不去就削职为民，你回家种地去得了。他这才去上任，去了以后也不好好工作。这种情况下袁崇焕自己申请到关外去，所以他是有一颗"为天地立心，为生民立命"的胸怀；他还有"为往圣继绝学，为万世开太平"的大愿。袁崇焕的大愿是以战止战，争取国家的和平与安定。

比如说，明朝高第，刚上任就下令

撤守，袁崇焕表现出一种大爱的精神，我就是死也要死在宁远，宁死不撤。

袁崇焕的高尚精神是什么？有言者说是"忠"，也有言者说是"义"。于前者，"忠"就是忠君。袁崇焕作为明朝万历的进士，身历泰昌、天启、崇祯三朝的官员，受过系统完整的儒家教育，自然要忠于国君。袁崇焕必定有忠君的思想。于后者，"义"如《礼记·中庸》曰："义者，宜也。"韩愈《原道》引申曰："行而宜之之谓义。"人们通常以"义"来规范朋友之间的关系。袁崇焕深通"四书""五经"，自然理解《孟子·离娄上》的"义，人之正路也"。所以，袁崇焕讲

"义"是没有争议的。他在宁远临战之前,对守城官兵"刺血为书,激以忠义,为之下拜,将士咸请效死",就是很好的例证。然而,"忠"与"义"虽是袁崇焕精神的内容,却不是袁崇焕精神的根本,也不是袁崇焕精神的精髓。

袁崇焕的精神与灵魂主要是"仁",是"仁爱",就是"爱国"。有学者认为,袁崇焕生活在明代,当时只有忠君的意识,没有爱国的思想。这是既不了解历史,也不符合事实的论断。《说文解字·国(國)》字释曰:"国(國),邦也,从囗,从或。"儒家经典《十三经注疏》中,"国"字为首的词组，共出现二百六十六次。《左传》曰："国将兴，听于民。"这里的"国"是指政治实体的国。在皇朝时代，忠君与爱国，二者有同、也不尽同。"国"比"君"的含义更宽泛，国包括历史、国君、社稷、山河、人民。袁崇焕的爱国，既有忠君的思想，更有忠于历史、社稷、山河、人民的思想。传说他每当放学回家路经土地庙时，总要在庙前驻足，面对着土地神，念念有词地说："土地公，土地公，为何不去守辽东！"这条材料虽然得不到文献的佐证，但透露出袁崇焕所爱的是社稷、是土地、是山河、是民众。袁崇焕在《边中送别》诗中的金玉诗句，抒发了他的高远志向，展现了他的爱国亲民情怀：

> 五载离家别路悠，
> 送君寒浸宝刀头。
> 欲知肺腑同生死，
> 何用安危问去留。
> 杖策只因图雪耻，
> 横戈原不为封侯。
> 故园亲侣如相问，
> 愧我边尘尚未收。

袁崇焕的抱负是国家、是社稷、是山河、是人民。夏允彝在《幸存录》中说，袁崇焕"少好谈兵，见人辄结为同盟，肝肠颇热。为邵武县令，分校闱中，日呼一老兵习辽事者与谈兵，绝不阅卷"。因此，他知晓陑塞情形，尝以边才自许。这说明袁崇焕虽身在东南八闽，却心系辽东边疆；虽身为南国文官，却关心北塞武事。爱国必亲民。

袁崇焕的军队纪律很严明，不许抢老百姓的东西，有一个士兵太饿了，抢了老百姓家一个饼吃了，他就把这个兵斩首示众，这点跟岳飞的做法是一样的。崇祯二年（1629）袁崇焕率领九千骑兵回京城"勤王"，"士不传餐，马不再秣"，三天三夜，赶到北京。阴历的十二月初一，正是数九寒天的时候，到北京城外不许进城，没有帐篷，露天驻扎，一分粮饷不给。马没有草料，兵没有粮食，但他不许士兵抢老百姓家的东西，冬天也不能砍树生火取暖，在这种情况下和皇太极的军队打仗。而皇太极的八旗军四处抢掠，抢到牛羊杀了，吃饱了、喝足了再打。

袁崇焕的仁爱精神，又表现于对官兵的关爱。在北京广渠门激战中，袁督师本是一介书生，但他冲在前头，举着刀跟八旗的贝勒拼杀，他盔甲上中的箭像刺猬一样。受了伤以后，他把战袍撕了，把伤裹起来，继续打。打了十个小时，激战数十回合，后金军退了，明军胜了。这时候他是统帅，应该下马休息休息，但他没有。袁崇焕马上到各个营房巡视，一一抚慰受伤的官兵，一直到第二天天亮，才回到自己的帐篷，"回时东已白矣"。没有大慈至爱的精神，没有爱兵如子的情怀，一天的激战，一夜的慰问，是万万做不到的。

袁崇焕的仁爱精神，还表现于对国家的信念。一个人在生死关头，最能体现高尚情操和爱国精神。文天祥遭非死三日后，他夫人欧阳氏到刑场收尸，在其衣带中发现遗书一封，内书："孔曰成仁，孟曰取义，惟其义尽，所以仁至。读圣贤书，所学何事，而今而后，庶几无愧。"（《宋史·文天祥传》）同样，相传袁崇焕临刑前作《绝命诗》，又作《临刑口占》曰：

一生事业总成空,

半世功名在梦中。

死后不愁无勇将,

忠魂依旧守辽东。

袁崇焕死之后,依旧热爱江山、社稷、祖国、人民。

儒家讲仁爱,佛家讲慈悲,其实意思是一样的,就是仁慈悲悯。袁崇焕耳闻目睹辽东难民遭抢掠、凌屠戮,背井离乡、哭声震野,而产生仁悯之心;中经英勇打拼,浴血奋战;又遭凌迟身死,最后大悲大悯。这种精神,就是大仁大爱,就是高尚的爱国精神,可贵的爱民情怀。

袁崇焕那股刚毅奇伟、炽热强烈的爱国精神，那身死万刀、凤凰涅槃的悲悯情状，既给当时凡俗怯懦之人以深刻的教育，更给后世诚厚善良之人以铭骨的警示。

二 智：以智求新

智，就是智慧，大智无常。这是大将修养的要素。"智"与"知"古汉语相通假，"四书"的《大学》《中庸》里没有"智"字，《论语》中也没有"智"字，但其"知"字出现一百一十八次，多于仁（一百一十二次）、礼（七十五次）、学（六十六次）、善（四十二次）、信（三十八次）、义（二十五次）等字。佛学也重视"智"，梵文音译作"般若"。

这里插一个佛学故事：一次，笔者到高雄佛光寺参观，星云大师陪同。当走到丛林学院大门前，见一块巨石上雕刻书丛林学院院训四个大字——悲、智、愿、行。笔者请教星云大师：儒家的"仁、义、礼、智、信"，将"智"排在第四位，佛学的"悲、智、愿、行"却将"智"排在第二位，这是为什么？星云大师答："人的许多错误是因智慧不够而犯下的。"笔者得到启发：智慧的修养，是人生的一大重要修养。

下面接着讲袁崇焕的"智"。

袁崇焕去辽东之前,明朝的军队一战败一战,一城丢一城。第一把抚顺丢了,第二把清河丢了,第三把开原丢了,第四把铁岭丢了,第五把沈阳丢了,第六把辽阳丢了,第七把广宁丢了,第八把义州丢了。宁远以北全丢了,特别是沈阳、辽阳丢了,唯独袁崇焕把宁远守住了,原因固然很多,其中一个原因就是智慧。

努尔哈赤打抚顺主要是靠里应外合;打清河的办法也是里应外合;打开原、铁岭同样是里应外合;沈阳是大城,城墙高,护城河又宽,努尔哈赤怎么打?沈阳的守将叫贺世贤,下令把城门打开,吊桥放下,他喝得醉醺醺的,骑着马就从城里冲出来了,同后金军野战。这是匹夫之勇。有城墙干吗不利用城墙,把吊桥吊起来,把城门关上死守。努尔哈赤军队野战不能过十天,因为努尔哈赤出来打仗没有后勤补给。贺世贤关着城门,硬耗七天,努尔哈赤就得退兵。守城不战而退兵算胜,攻城不下而撤兵算败。但贺世贤把城门打开,吊桥放下,骑着马带着兵往前冲。结果后金军一包围,总兵贺世贤中了十四箭,落马而死。明兵退回来时,路上有伏兵,城里有奸细,里应外合,前后夹击,特别是奸细从里面把城门打开,后金军就把沈阳打下来了。后来的辽阳、广宁,也是这么丢的。

袁崇焕的智慧在什么地方呢?他吸取了前人失败的教训,进行宁远保卫战。袁崇焕取得宁远大战胜利的经验并不复杂,就是六个字:"凭坚城,用大炮。"明军的优长有二:第一是有城池,第二是有火炮。后金军平原野战、骑兵冲突是其优长。袁崇焕的谋略是扬长避短。努尔哈赤打到宁远城下,袁崇焕下令坚壁清野,城外的老百姓到城里来,吊桥吊起,城门关上,城外粮食运到城里,柴草烧了,不给后金军提供粮草。努尔哈赤到宁远城下痛骂,叫阵;袁崇焕不管他怎么骂,就是不出城。努尔哈赤攻城有一种器具叫楯车,上面是牛皮的，箭射不透。士兵在楯车里凿城墙，眼看城墙要被凿穿，袁崇焕就带领勇士拿绳子和铁丝缠着被絮，倒上油，点上火，烧那挖墙的后金士兵。努尔哈赤一看凿城墙不行，就派贝勒率领官兵往前冲。先时，袁崇焕下令把朝廷从葡萄牙买来的十门西洋大炮运到宁远，放到城上。这时，他发令往城下打炮。后金的士兵往上冲，一炮打去，一道火海，人仰马翻，死伤一片。努尔哈赤命八旗军再冲，又是一炮，死伤惨重。

努尔哈赤是否受了炮伤？清史学界有争论：我个人认为是。有个记载，从城上头看，一个大红毡子，包着一个头目，一些贝勒放声大哭，就抬着跑了，一般贝勒不至于这样，第二天就退兵了。我查了文献和档案记载，这次激战中八个贝勒没有一个受伤的，后来打仗他们都出来了，就是努尔哈赤再不出来。可能是努尔哈赤受伤了，当时没有消炎药，夏天伤口发炎，他就洗温泉，得了败血症，当年八月十一日就死了。他的儿子皇太极不服气，继位后又带部队打，先打锦州，再打宁远。皇太极还用老办法，袁崇焕也还是六个字："凭坚城，用大炮。"他告诉锦州守将赵率教，不管怎么骂你不要出城。所以宁锦这一仗皇太极又失败了。

这里面体现了袁崇焕的智慧。有人认为"凭坚城、用大炮"的道理很简单,但真理总是朴素的。袁崇焕之前明朝死了十四个总兵,东北地区的总兵都死了。到袁崇焕这儿,把城守住了,把仗打胜了,这说明袁崇焕有过人的智慧。这是一个例子。

还有一个体现袁崇焕过人智慧的例子,就是山海关外怎么守。明朝辽东经略叫王在晋,也是进士出身,兼着兵部尚书。他说在山海关城外八华里的地方再修一个城,用那个城来守山海关城。袁崇焕建议在宁远即今天的兴城建一座城,守卫山海关。现在的兴城离山海关一百公里,这个地方的地理特点,东面是海,西面是山,海和山之间有两座山——首山和窟窿山,后金骑兵从沈阳过来到山海关,必须通过这个隘口,没有别的通道。这个隘口通道,笔者拿尺子测量过,最窄的地方总共一百米宽。袁崇焕建议明朝就在这儿修座城,守山海关,比较高明。袁崇焕提出来,王在晋不同意。怎么办?袁崇焕人微言轻,王在晋是部级,自己是处级,差得太多了。袁崇焕有办法,他给当朝首辅叶向高写了一封信,说明自己的理由,但叶向高没回信。他又写了一封。叶向高看完之后拿不准主意,找孙承宗商量。孙承宗当时有三重身份:第一是大学士,第二是兵部尚书,第三是天启皇帝的老师。叶向高就把袁崇焕的信给孙承宗看了,并说自己也没去考察过,拿不准主意。孙承宗说他自己去考察一下，并向天启皇帝请了假，骑着马去山海关考察，袁崇焕陪着。考察完之后，孙承宗找王在晋谈，说袁崇焕的意见正确，可以在那儿设，不要在山海关八里铺的地方设，但王在晋不接受。孙承宗反复耐心地同王在晋谈，还是不接受。孙承宗同王在晋"推心告语七昼夜"，王在晋仍然不听。孙承宗告辞回京。他向首辅叶向高介绍了情况，叶向高表示支持孙承宗的意见。随之，孙承宗给天启帝上课，课间，天启帝问起辽东之行，孙承宗借机向皇帝奏报，并得到天启帝的御准。天启帝捎带问了王在晋的事情，孙承宗委婉奏言其不可重用。天启帝颔首示意。不久，王在晋调任南京兵部尚书，派孙承宗到山海关去，接替王在晋的工作。孙承宗到任后，支持袁崇焕把宁远城建了起来，后来就有宁远之战，守住了，否则是守不住的。孙承宗和袁崇焕还建了一条关宁锦防线，就是从山海关经宁远到锦州，是一个纵向防线。后金军打锦州时，宁远、山海关支援；后金军打宁远时，山海关和锦州两面支援；后金军打山海关时，前面两座城加以阻堵。

后来这条关（山海关）宁（宁远）锦（锦州）防线，成为明朝阻挡后金——清军南进的坚固长城。多尔衮率领八旗军进北京的时候，宁远还是明朝的，他绕开宁远，没敢打。"一朝被蛇咬，十年怕井绳。"他们太怕宁远这座坚城了。当年的惨败，努尔哈赤的受伤，给他的子孙们的印象太深刻了。

袁崇焕提出"守为正着、战为奇着、款为旁着"的策略原则，以区别于王在晋的消极"守"、王化贞的冒险"攻"、王之臣的拒绝"和"等片面僵化原则。自从有辽事以来，明朝在辽东战场上，惨遭"一战八城"之败，即萨尔浒大战之败和抚顺、清河、开原、铁岭、沈阳、辽阳、广宁、义州的八城之失。努尔哈赤获胜的战略战术原则是"里应外合，骑兵驰突"，屡屡得手。明朝在袁崇焕之前，辽东先后五任经略——杨镐、熊廷弼、王在晋、袁应泰、高第，都没有在战略战术上，提出对付努尔哈赤的办法，或出城交锋、平原驰突，或萎缩退却、弃城撤军，而屡屡丢城失地。但是，袁崇焕相反，他善于汲取前任失败的教训，针对后金军长于里应外合、铁骑驰突、集中兵力、速战速决的策略，而实行坚壁清野、凭城固守、军民联防、施用大炮的兵略，他第一次总结抵御后金进攻的法宝是"凭坚城、用大炮"。这就是以己之长，制敌之短。

袁崇焕有着大过人的事功，这源于他大过人的军事理念——以智求新、以新求胜。

三　勇：勇敢拼搏

勇，就是无惧，大勇无畏。《论语·宪问》曰："仁者必有勇。"《论语·子罕》又曰："知者不惑，仁者不忧，勇者不惧。"袁崇焕不仅有大爱、大智，而且有大勇。他出关担任辽东官职时，明朝丢城失地，败报频传，上下沮丧，局势危急。《明史》记载：自辽左军兴，明朝总兵阵亡者凡十四人：抚顺则张承胤，四路出师则杜松、刘綎、王宣、赵梦麟，开原则马林，沈阳则贺世贤、尤世功，浑河则童仲揆、陈策，辽阳则杨宗业、梁仲善，广宁则刘渠、祁秉忠。还有因败自裁的总兵李如柏。明初朝廷定制总兵官为二十一员，辽左战场则损失总兵官十五员，军事态势，何其严重。袁崇焕之前之后，辽东经抚杨镐、袁应泰、熊廷弼、王化贞因此而或被杀、或自尽。京师朝野官员，可谓谈辽色变："时广宁失守，王化贞与熊廷弼逃归，画山海关为守。京师各官，言及辽事，皆缩朒不敢任。崇焕独攘臂请行。"

袁崇焕千里赴难，刚到任，就要到四十里以外前屯卫安置失业的辽人，山海关以外基本上是蒙古、满洲的势力，也是虎狼出没的荒野地方。他走了一夜，天亮了一到那儿，大家都惊讶：

夜里一人独行,胆子有多大啊?《明史·袁崇焕传》记载:"崇焕即夜行荆棘虎豹中,以四鼓入城,将士莫不壮其胆。"时在夜间,山野林莽,荒无人烟,狼虫虎豹,敌军巡哨,敢于独行。

他确有过人的胆量。他敢于向辽东经略提不同意见,而且把意见直接跟首辅叶向高奏报,这需要胆量,一般人是不敢的。他就是为了国家利益,置个人生死于不顾。他是南方人,身材很矮小,又比较瘦弱,但几次打仗都身先士卒,披挂上阵,马颈项交,拼命厮杀,披甲中箭,如同猬皮。袁崇焕既有虎豹在山的气势,又有飞龙腾空的雄风。

大勇者,坚强无畏,勇猛精进。明

天启六年即后金天命十一年（1626），明辽东经略高第下令尽撤山海关外之军民，各城望风而撤，唯独宁前道袁崇焕坚决拒撤，他说："我，宁前道也！官此，当死此，我必不去！"甚至发出豪言壮语："独卧孤城，以当虏耳！"这在当时危难局势面前，是何等胆量，是何等气概！至于杀东江总兵毛文龙，尽管史有歧义，但梁启超在《袁督师传》中论道："夫以举国不能杀、不敢杀之人，而督师毅然去之，若缚一鸡而探一縠也。指挥若定，声色不惊。呜呼，非天下之大勇，其孰能与之斯？"所以，袁崇焕的勇，胸有成算，处变不惊，擒斩大帅，如烹小鲜。袁崇焕做人做事，难思能思，难言能言，难忍能忍，难为能为。

崇祯元年（1628），袁崇焕被重新起用，职任兵部尚书兼蓟辽督师。七月，袁督师出山海关赴任，刚到山海关，惊闻宁远官兵哗变。辽东巡抚毕自肃、总兵朱梅，被因欠饷而哗变的官兵吊在谯楼上捶打，遍体鳞伤，血流被面。这种情况下，袁崇焕去了，不带卫兵，不带秘书，一个人去宁远，直奔哗变兵营，跟兵变首领谈判。他说：过去你们都是我部下，你们不是要发饷吗？我三天之内给你们发饷。三天之内，他借到银子，欠饷真的发了，兵变给平息下去了。他又说：跟朝廷得有个交代，军人怎么可以闹事？为首的人说杀我吧，我为首。就把他给杀了，其余不问。袁崇焕单骑从山海关直奔叛军军营，把哗变平息了，只死了一个人，这里可以看出袁崇焕的智慧和胆略，看出袁崇焕的勇敢和性格。

四 廉：清正廉洁

廉，就是清廉，大廉无私。《孙子兵法·计篇》讲："将者，智、信、仁、勇、严也。"曹操注曰：将宜五德——智、信、仁、勇、严。历来兵家论将，皆没有论清廉。孙子、曹操也都没有讲廉。作为一员将军，不仅一定要智、信、仁、勇、严，而且一定要廉。袁崇焕既是一位廉洁的清官，也是一位廉洁的将军。他在邵武知县任上，贤正廉洁的事迹，乾隆《邵武府志》记载：

> 天启初，知邵武县。明决有胆略，尽心民事，冤抑无不伸。素有力，尝出救火，着靴上墙屋，如履平地。

上面记载的：尽心民事，平反冤狱；穿靴上房，帮民救火。两件小事均清楚生动地记述了袁崇焕这位清正廉洁知县的形象。试想：在帝制时代,一位七品知县、朝廷命官,见民房着火,毅然穿靴,攀墙上屋,为民救火,翻遍《二十四史》,前有先例、后有来者吗?

他做官不贪。张岱在《石匮书后集·袁崇焕传》中说:"此臣作法自别,向为县令,不取一钱,天生此臣,以为社稷。"查继佐在《罪惟录·袁崇焕传》中,也记载袁崇焕为官清廉:"此臣作县官,不入一钱。"他做福建邵武知县,《邵武府志》记载袁崇焕为官四个字:"分文不取。"后来他调到关外做了辽东巡抚,这时候他父亲死了。辽东巡抚是多大的官呢?大体上相当于原来沈阳军区司令这么大的官。他回家奔丧竟没有盘缠，一点积蓄也没有。他在请求回乡料理丧事的《请假疏》中说："臣自为令至今，未尝余一钱以负陛下。昨闻讣之日，诸臣怜臣之不能为行李，自阁、督、抚以下，俱醵金为赙。臣择而受之，束装遄归，以襄臣父大事。"同事、长官一起给他凑盘缠，走到今天河北这个地方，皇帝不许他回家，要他在前线坚守，他把钱又还了人家。往家寄的钱是同僚、大臣、朋友凑的，派人捎回去埋葬他父亲。

袁崇焕死后，《明史·袁崇焕传》记载：袁崇焕死，籍其家产，"家亦无余资"。崇祯帝派官到其家乡查抄，奏报也是"浮沉宦途,家无子息"。袁崇焕和岳飞一样,都能做到如《宋史·岳飞传》所说的"文臣不爱钱,武臣不惜死",这既是天下文官的典范,也是天下武官的楷模。当时是战争环境,明朝的军费大部分都在辽东花了,袁崇焕掌握的白银数以百万两计,但他分文不贪,太难得了。

其实,我国古代不乏清廉的官员。大家知道明朝兵部尚书于谦,为抵御瓦剌进犯、保卫京师做出重大贡献。于谦诗云:"绢帕蘑菇与线香,本资民用反为殃;清风两袖朝天去,免得闾阎话短长。"于谦进京不上贡,遭到太监王振"论死"的报复。赖有民众请愿,才得免于一死。袁崇焕同岳飞、于谦一样，都是中华历史上清官的典范。

做一位名将、大将，要安神定志，无欲无求。明朝开国勋臣徐达，士卒起家，后至统帅，"所平大都二，省会三，郡邑百数，间井宴然，民不苦兵"。徐达官至右丞相，爵至魏国公、追封中山王。《明史·徐达传》记载："受命而出，成功而旋，不矜不伐，妇女无所爱，财宝无所取，中正无疵，昭明乎日月，大将军一人而已。"孙思邈在《备急千金要方·大医精诚》精辟论道："凡大医治病，务当安神定志，无欲无求。"所以，从政、统军、治学、经商，安神定志，无欲无求，成大业者,盖当如此。

程本直在《漩声记》中,说了如下一段话:

> 举世皆巧人,而袁公一大痴汉也。惟其痴,故举世最爱者钱,袁公不知爱也;惟其痴,故举世最惜者死,袁公不知惜也。于是乎举世所不敢任之劳怨,袁公直任之而弗辞也;于是乎举世所不得不避之嫌疑,袁公直不避之而独行也;而且举世所不能耐之饥寒,袁公直耐之以为士卒先也;而且举世所不肯破之体貌,袁公力破之,以与诸将吏推心而

置腹也。犹忆其自言曰:"予何人哉?十年以来,父母不得以为子,妻孥不得以为夫,手足不得以为兄弟,交游不得以为朋友。"……即今圣明在上,宵旰抚髀,无非思得一真心实意之人,任此社稷封疆之事。予则谓:"掀翻两直隶,踏遍一十三省,求其浑身担荷,彻里承当如袁公者,正恐不可再得也!"

布衣程本直以血与泪的文字,以生命弃市的代价,朴素地评价并颂扬了袁督师在明末官场污浊、物欲饕餮的邪气中,表现出的浩然正气与爱国精神。

袁崇焕的精神与品性，是儒家、道家、佛家共同追求的人性、道性与佛性。中国佛教四大名山名寺很有意思：普陀山供奉观世音菩萨——慈悲的化身，慈悲就是仁；五台山供奉文殊菩萨——智慧的化身，智慧就是智；九华山供奉地藏菩萨——威行的化身，威行就是勇；峨眉山供奉普贤菩萨——贤正的化身，贤正就是廉。所以，袁督师的精神与品格，是儒家、道家与佛家共同追求的完美的精神与品格。

袁崇焕作为明代杰出的军事家和著名的爱国英雄而永垂史册，万古流芳。正如文天祥《正气歌》曰："天地有正气，杂然赋流形。下则为河岳，上则为日星；于人曰浩然，沛乎塞苍冥。皇路当清夷，含和吐明庭。时穷节乃见，一一垂丹青。"明末杨继盛《临行诗》亦云："浩气还太虚，丹心照千古。"时代呼唤崇焕的正气与精神，时代需要崇焕的正气与精神。人们透过袁崇焕的正气与精神、仁智与勇廉、品格与事功、胜利与悲哀，了解先贤，景仰英豪，知荣明耻，激励来者。

袁崇焕以大仁、大智、大勇、大廉，知行合一、表里合一，践行了"人生自古谁无死，留取丹心照汗青"的高尚品德和爱国精神！

（本书主要为2010年5月29日在原国家新闻出版总署礼堂举行的中央国家机关"强素质，作表率"读书活动第5期讲坛上的演讲稿，并做增补修定。）

出版说明

"新编历史小丛书"承自20世纪60年代吴晗策划的"中国历史小丛书",其中不少名家名作已经是垂之经典的作品,一些措辞亦有写作伊初的时代特征。为了保持其原有版本风貌,再版过程中不做现代汉语的规范化统一,读者阅读时亦可从中体会到语言变化的规律。

"新编历史小丛书"编委会

图书在版编目（CIP）数据

袁崇焕 / 阎崇年著. —— 贵阳：贵州人民出版社，2023.12
（新编历史小丛书. 人物）
ISBN 978-7-221-18078-0

Ⅰ.①袁… Ⅱ.①阎… Ⅲ.①袁崇焕（1584—1630）
－传记 Ⅳ.①K825.2

中国国家版本馆CIP数据核字(2023)第211115号

新编历史小丛书·人物

袁崇焕
YUAN CHONGHUAN

阎崇年 ◎著

出 版 人	朱文迅
责任编辑	陈珊珊
装帧设计	陈 电
责任印制	蔡继磊

出版发行	北京出版集团　文津出版社
	贵州出版集团　贵州人民出版社
地　　址	贵阳市观山湖区中天会展城会展东路SOHO公寓A座
印　　刷	贵州新华印务有限责任公司
版　　次	2024年2月第1版
印　　次	2024年2月第1次印刷
开　　本	880 mm×1230 mm　1/32
印　　张	3
字　　数	25千字
书　　号	ISBN 978-7-221-18078-0
定　　价	18.00元

如发现图书印装质量问题，请与印刷厂联系调换；版权所有，翻版必究；未经许可，不得转载。